ORGANISATION DU TRAVAIL

ET DU

CRÉDIT SOCIAL

PROJET

PRÉSENTÉ A LA COMMISSION DU TRAVAIL ET DE L'ÉCHANGE

DE LA COMMUNE DE PARIS

PAR

F. CAROLUS

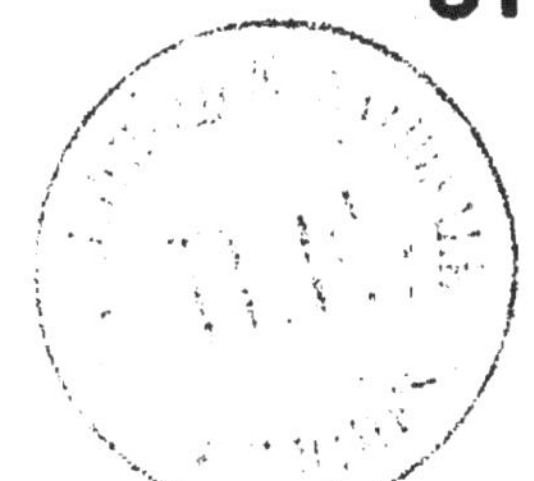

PRIX : 25 CENTIMES

EN VENTE
37, rue Saint-Sébastien, 37
PARIS

PRÉFACE

L'Auteur n'aurait donné le jour qu'à une œuvre incomplète s'il n'appuyait sa théorie, son système d'une démonstration pratique suffisamment concluante.

A ceux donc qui s'occuperont du placement de cette brochure et qui se mettront directement en rapport avec lui, l'Auteur assure, dès le moment de la mise en vente, une part dans les bénéfices de sa production intellectuelle, proportionnée au chiffre exact de leur concours, qui sera représenté par le nombre d'exemplaires vendus par chacun d'eux ou par l'appointement à leur accorder. Le premier mode est, toutefois, plus équitable.

Le chiffre du capital intellectuel de l'Auteur sera représenté par le prix de la brochure, déduction faite du prix de revient de celle-ci multiplié par le nombre d'exemplaires vendus, ce qui donnera le prix réel de sa production.

La répartition-démonstration du présent système aura lieu après l'épuisement de la première édition.

Le jour, l'heure et le lieu seront ultérieurement annoncés.

L'Auteur vous y convie d'avance.

Paris, 20 avril 1871.

ORGANISATION DU TRAVAIL

ET DU

CRÉDIT SOCIAL

———

AUX TRAVAILLEURS

———

EXPOSÉ PRÉLIMINAIRE

Le décret de la Commune, en date du 16 avril, vous offre une occasion inespérée de procéder librement à l'organisation du travail. Hâtez-vous donc d'en profiter, car, à mon avis, une des principales causes qui ont empêché, jusqu'à ce jour, une foule de républicains sincères et convaincus de donner leur adhésion à l'œuvre que poursuit la Commune en ce moment, et qui privent celle-ci d'un concours précieux à plus d'un titre, c'est l'absence de tout programme pratique pour l'organisation de la Production.

Le mystère qui entoure encore cette question si grave, puisqu'elle touche à tous les intérêts vitaux et fondamentaux du nouvel ordre de choses, doit être levé, sinon les travailleurs, en ne rassurant pas une fraction des plus importantes de la population parisienne sur la portée de leurs revendications, perdent d'abord un point d'appui solide, et compromettent moralement les résultats qu'ils remportent matériellement au prix du sang de tant d'hommes dévoués !

Rassurer les intérêts, me paraît donc devoir être le premier souci des organisateurs du travail. Sur ce terrain seul, une entente générale est possible, et qui sait si une solution ne peut sortir de l'exposition franche et catégorique d'un programme qui, venant d'une collectivité de travailleurs honnêtes et intelligents, ne peut être qu'élevé, généreux et surtout rationnel ?

Ne m'inspirant que de la légitimité de vos revendications, et sincèrement désireux aussi de voir tous les intérêts acquis respectés, je ne veux chercher que dans la parfaite concordance de ces deux éléments la solution du problème social que des gens irréfléchis ou mal intentionnés peuvent, seuls, dire insolubles ! Je veux prouver à ceux qui considèrent le Socialisme comme une utopie irréalisable et dangereuse que leur fantasmagorie n'est qu'un produit de leur imagination affolée par la crainte, et que satisfaction peut être donnée à tous les intérêts légitimes, sans qu'aucun bouleversement social s'ensuive. Il ne faut pour cela qu'un peu de modération d'un côté et de bonne volonté de l'autre. Ces deux qualités, qui dérivent directement du bon sens, seraient-elles donc si rares en France que l'un et l'autre des partis en présence n'en puissent fournir son contingent? Je ne le pense pas, et M. d'Andelarre est de mon avis (*voir son discours, séance du 12 avril*). Je ne prends de cette autorité que ce qui m'est strictement nécessaire, et pour cause.

Je m'adresse tout d'abord à vous et je vous dis : Quand dans le monde du commerce et de la finance, je parle du monde sérieux et honnête, on veut lancer une affaire ou fonder une Société quelconque, la première chose que font les promoteurs de l'idée, c'est de réunir tous les capitaux dont ils disposent : ils s'associent. L'association, en groupant les différentes fractions du capital social, qui, isolées, seraient faibles et impuissantes relativement, compose un ensemble, un tout qui acquiert dès lors une force doublée par la solidarité. L'association, rendue solidaire, obtient la confiance que chaque fraction n'obtiendrait qu'à grand'peine et au prix de grands sacrifices peut-être; elle s'assure le crédit par le gage qui est son apport social, et donne alors à ses affaires l'impulsion que comporte le genre de ses opérations.

Travailleurs, pourquoi n'imiteriez-vous pas ceux que l'intelligence et l'économie ont fini par rendre vos oppresseurs par la toute-puissance du capital, et qui vous dictent aujourd'hui des lois sous lesquelles vous gémissez, contre lesquelles vous réagissez au prix des plus cruels sacrifices? Pourquoi ne pas vous grouper? Pourquoi ne pas former entre tous les travailleurs d'une même branche d'industrie une Association et ensuite une Fédération de toutes les Associations parisiennes ? L'Association! mot magique qui est la formule la plus saisissante du Socialisme et qui renferme en lui toute la devise républicaine : Liberté, Egalité, Fraternité et Solidarité !

Certes, il en est parmi vous qui ont compris toute la portée de l'Association et qui ont de plus transformé l'idée en fait; mais les Associations auxquelles je fais allusion, entravées dans leur formation, condamnées dans leur existence lorsque d'aventure elles en arrivaient à exister, sont restées pour ainsi dire occultes et presque ignorées; l'idée n'a pu porter tous ses fruits et les travailleurs isolés n'ont pu se douter pendant longtemps qu'à côté d'eux se tentaient les premiers efforts pour arriver à l'indépendance absolue du travailleur, à la liberté !

Il ne suffit donc pas qu'une seule catégorie de travailleurs se forme en association, il faut, pour former quelque chose de réellement utile et durable, que tous les travailleurs indistinctement, hommes et femmes, se comptent, se classent sur le champ de la production; qu'ils se groupent (c'est une des conditions les plus indispensables pour atteindre le but que tous nous poursuivons), que chaque branche d'industrie forme une association distincte, mais effective, représentée par sa Chambre syndicale, et que toutes les associations présentent alors un tout homogène sous le nom de la *Fédération des Travailleurs parisiens !*

Cette constitution des travailleurs en un immense faisceau paraîtra peut-être trop centralisatrice, mais l'exposition complète du système économique nouveau que je préconise et qui servira de base au nouvel ordre de choses, en fera reconnaître la nécessité momentanée et les bienfaits.

La nécessité, parce qu'il importe de déterminer, d'une manière aussi précise que possible, les éléments constitutifs du gage ou apport social s'il y a lieu, et le concours qui sera dû à chaque association, par l'établissement de crédit à instituer sous le nom de la *Banque fédérale parisienne*, dans la limite : 1° de l'apport respectif de chaque association ; 2° de ses besoins de numéraire pour la production.

Les bienfaits se présentent d'eux-mêmes à la pensée lorsque l'on tient sérieusement compte des facultés organisatrices de la masse des travailleurs. En effet, si cette masse porte en elle, et sous tous les aspects possibles, les qualités productrices qui distinguent l'ouvrier parisien à un si haut degré, il faut reconnaître aussi que les nécessités de l'existence, le labeur journalier poussé à outrance, ont empêché cette masse de s'approprier, par l'étude et l'observation des faits économiques, dans une mesure même restreinte, l'aptitude organisatrice nécessaire à l'édification du nouveau système social. Il suit de là qu'il faut de toute nécessité introduire dans la Fédération un nouvel élément propre à assurer à l'institution le jeu facile et régulier de ses immenses ressorts. Cet élément, c'est l'administration représentée par des employés capables, zélés, consciencieux, des travailleurs enfin, à qui s'offre aussi un horizon tout nouveau et inespéré. Oui, il faut bien qu'on le dise, l'employé sans moyens de fortune autres que sa valeur personnelle, a jusqu'ici été condamné à une existence mille fois pire que celle du plus humble travailleur ; car, à celui-ci, il était permis d'espérer, dans chaque révolution, la réalisation d'un rêve auquel son chiffre de production, facile à établir, donnait une apparence suffisamment fondée de réalité.

Mais l'employé, dont le travail, sans portée exactement définie, était systématiquement déprécié, ravalé au jeu banal d'une machine, n'avait, lui, aucun espoir, et cependant, comment le négociant, le banquier, l'industriel, auraient-ils pu mener à bonne fin leurs immenses affaires sans l'aide intelligente du groupe d'employés dont chaque membre représentait la pensée du maître? Son instruction et son éducation plus développées ne lui faisaient que mieux sentir son inégalité sociale. De là un droit pour l'employé, aussi bien que pour l'ouvrier producteur, dans la répartition du bénéfice auquel l'un et l'autre ont concouru chacun dans la mesure de leurs aptitudes; droit toujours méconnu, pour lequel l'ouvrier prend les armes aujourd'hui, mais qui trouve la majorité des employés indifférente, parce qu'elle ne voit pas, même vaguement, dans le nouvel ordre de choses à organiser, une amélioration de sa triste position.

Les travailleurs, en mettant au grand jour leur programme, en faisant appel à toutes les forces vives qui concourent directement ou indirectement à la production, en définissant, aussi nettement que faire se pouvait en théorie, la part revenant à chacun dans la nouvelle organisation du travail, se seraient entièrement rallié tout un groupe d'adhérents, aussi courageux, aussi sincères, dès lors, que les défenseurs de la Commune de la première heure, et c'était de plus l'élément organisateur, constitutif de leur entreprise qu'ils s'assuraient ainsi.

Cette digression était indispensable pour bien établir la portée et les ramifications multiples de la Fédération, les intérêts divers qui s'y rattachent et les satisfactions qu'elle est en mesure de leur donner. La centralisation un peu excessive à laquelle on devra recourir au début, et en attendant que chaque catégorie de travailleurs puisse s'initier convenablement à la marche des affaires, à leur ensemble et à leur gestion intelligente et régulière, ne sera à proprement parler qu'une tutelle dont elle s'affranchira insensiblement, et au fur et à mesure de l'amortissement, par ses bénéfices, du capital primitif qui lui aura été confié par la Banque fédérale. Chaque catégorie aura alors son autonomie complète et tout à fait indépendante; son émancipation sera réelle, et reposera sur l'instruction, l'expérience acquises, et pour elle commencera une autre carrière. Mais n'anticipons pas.

J'ai suffisamment démontré, je pense, la nécessité de la centralisation de laquelle résultera l'unité d'action indispensable à l'établissement d'un système dont dépendront tant d'intérêts.

Aux forces dont disposera la Fédération, il faut les moyens d'action. Il serait presque dérisoire en ce moment de demander aux travailleurs, même aux plus économes, le moindre apport social. Six mois de siége et huit mois de stagnation complète dans les affaires ont tout absorbé. Il importerait cependant que chacun eût à cœur d'apporter sa pierre à l'édifice, au monument dont s'enorgueillira le dix-neuvième siècle; l'apport, si minime qu'il fût, de la part de chacun, formerait un premier capital donnant droit à une répartition plus large dans le capital social à mettre au service de la Fédération et de ses besoins en matière première et matériel de premier établissement.

L'apport social de chaque groupe formerait le gage dont dépendent la confiance et le crédit dont la Fédération aura besoin seulement pour ses débuts, car le nœud de la question est en ceci : mise à portée du travailleur de la matière première pour la production, et une seule et unique avance, sur cette production, des fonds nécessaires à l'existence matérielle de chacun des fédérés, entre le moment de la mise en œuvre et celui de la réalisation de la production.

Les moyens d'assurer la prompte réalisation de la production ressortiront de l'exposé du plan d'ensemble de ce projet et de la constitution même de la Fédération. Le succès est assuré si les travailleurs font preuve de la modération dont leur font un devoir la légitimité de leur cause, la conscience de leur droit, et j'ajouterai la certitude du succès.

Je prendrai maintenant à partie le Capital, second ou premier élément de la Production. Le Capital sans l'industrie, le commerce, qui le font valoir, resterait improductif. Son détenteur pourrait, dans ces conditions, en vivre quand même, en tenant compte de sa valeur conventionnelle et de celle des objets indispensables à l'existence, mais sa durée serait limitée forcément. Ce n'est que par le concours qu'il prête au travail, premier ou second élément de la production, qu'il peut se renouveler et se reconstituer. C'est donc le travail qui lui donne une existence assurée. Le travail a sur le capital une supériorité incontestable, c'est qu'il pourrait suffire seul à l'existence en vertu de l'échange, mais ce serait tout bonnement le retour aux premiers âges de l'humanité. Tenons compte de l'état actuel de la civilisation et de l'impérieuse loi des besoins, et disons qu'il ressort suffisamment de ce qui précède que la Production n'est possible que par le concours des deux éléments : le Travail et le Capital. Dans quelle mesure devront participer ces deux éléments dans les bénéfices résultant de leur concours? Je ne fais pas encore appel à la bonne volonté des capitalistes. Je ne leur demande qu'un peu de justice, et je leur pose cette question : Lorsque, de simples capitalistes, vous vous faites industriels ou fabricants, si vous n'apportez par vous-mêmes dans le champ de la production une découverte, un procédé nouveau de fabrication, qui rentre dans le domaine de la propriété strictement individuelle; si, en un mot, vous exploitez une branche d'industrie tombée dans le domaine public, à qui revient de droit le bénéfice produit par le travail, une fois le loyer de votre capital payé et en vous tenant compte, toutefois, outre l'intérêt, d'une part proportionnelle à votre capital dans le chiffre du bénéfice réalisé pour couvrir vos pertes éventuelles, soit pour former un compte de réserve, dont le solde, à cessation d'affaires, devrait être partagé entre tous vos coopérateurs, n'est-ce pas à ceux dont l'intelligence souvent, le génie quelquefois, le courage toujours, transforment la matière inerte, la façonnent, lui donnent une destination utilitaire ou artistique, et vous renouvellent ainsi constamment votre capital sans que votre cerveau, vos forces s'épuisent à ce dur labeur toujours renaissant ?

Mais quelques-uns d'entre vous ont commencé leur fortune par ce labeur ; l'économie et des circonstances heureuses, des *espérances* réalisées ont fait le reste. Ceux-là comprendront, sans qu'il soit utile de plaider plus longtemps, sur quelles bases sérieuses, sur quels droits légitimes s'appuie cette revendication. Tant que votre capital s'est borné au produit de votre seul travail, la fortune a été un mythe pour vous. Lorsque lentement et en vous privant sur les besoins de chaque jour, vous avez amassé quelques économies, vous avez pu donner de l'extension à votre fabrication en vous adjoignant un autre producteur. C'était l'association qui se fondait avec son droit légitime. De l'associé vous avez fait un gagiste : ç'a été la première atteinte au droit d'association. Mais, restreint à votre seule force individuelle de production, quel résultat eût été le vôtre? La limite de l'activité humaine est bientôt atteinte, et forcément votre capital ne pouvait produire que par une action multiple et indépendante de la vôtre. Votre capital sans cette autre force demeurait stérile.

Lorsqu'il est devenu l'instrument d'une fortune nouvelle et qu'il a épargné à un emprunteur quelconque une fatigue, un labeur, il vous a été dû un loyer, et, selon le plus ou moins de confiance que l'on vous inspirait, une garantie, rien de plus, rien de moins. Dans ces conditions, et dès l'instant que tel négociant ou fabricant en est réduit à ses seules forces de production, son capital, si considérable qu'il soit, ne peut lui rapporter qu'un intérêt limité légalement.

En droit strict, il ne peut en exiger que cet intérêt ; s'il veut en obtenir davantage, il faut qu'il recoure à un contingent de forces, à un associé, lequel, pour le surplus de production, a droit à une part proportionnelle dans les bénéfices.

Ceci suffisamment établi, il devient évident que, si un chef d'industrie, occupant un certain nombre d'ouvriers, reste livré à ses seules forces par le fait d'un abandon général de ses ouvriers, et que, par une organisation radicale de la masse des travailleurs, il ne puisse arriver à remplacer le vide de son atelier, son capital, tant en numéraire qu'en matériel et matière première restant en magasin, immédiatement réalisé, ne lui donnera sur le marché des capitaux qu'un intérêt de 5 0/0. Si cet intérêt est insuffisant pour pourvoir à ses besoins, il devra travailler, produire à son tour ou manger son capital. De là le droit démontré du travailleur au partage des bénéfices de la production à laquelle il a contribué pour la plus grande part, et la nécessité absolue pour tout détenteur actuel du capital, que la révolution économique frapperait de ruine infailliblement, de se rallier au mouvement actuel.

L'intérêt seul et non l'expropriation forcée conduirait donc les deux éléments producteurs à un accord d'où résulterait l'harmonie sociale tant souhaitée.

Si la question est résolue en ce qui concerne le capitaliste-fabricant, elle reste encore debout vis-à-vis des gros capitalistes ou des capitalistes plus indépendants, mais toujours tributaires quand même de la production. Ces capitalistes, amis de l'ordre, s'insurgeant à leur tour, pourraient, en émigrant, laisser la Fédération à elle-même et se débattant sans succès contre la force des choses avec des ressources insuffisantes.

A ces capitalistes, il faut seulement de la bonne volonté, puisqu'il ne s'agit que d'un simple déplacement de leur élément, sans dépréciation aucune pour lui. Il reposera toujours et plus que jamais sur la même base solide : la production, garantie seule sérieuse qui acquiert aujourd'hui d'autant plus de valeur que les causes de dépréciation du capital, causes qui compromettent jusqu'à son existence par l'absence souvent prolongée de rapport, — les grèves, les émeutes, les révolutions, les guerres, — disparaîtraient complétement. De l'intelligence de la situation que l'on est en droit d'attendre de ces capitalistes et de leur coopération sans réserve à l'établissement du nouveau système, viendraient la rénovation et la grandeur de la France, parce que de l'union sur une base juste et équitable des forces de la production résulterait la stabilité par la satisfaction de tous les intérêts.

La stabilité vous donnerait de plus les améliorations sociales qui dépendent du libre jeu des institutions républicaines.

Cette coopération volontaire faisant défaut, on devrait nécessairement laisser aux capitaux dont il s'agit la responsabilité d'une mesure extraordinaire que leur mauvais vouloir justifierait complétement : l'émission du papier-monnaie.

Je ne parle pas encore de l'expropriation pour cause d'utilité publique, des ateliers abandonnés par les chefs d'industrie.

C'est une mesure excessivement grave à laquelle on ne pourrait recourir qu'à la dernière extrémité.

Un certain discrédit s'attache à tort au papier-monnaie mis dans la circulation dans des circonstances identiques à celles que la France traverse en ce moment. Les peuples plus avancés dans la science économique, tenant compte du gage qui en est la garantie, font justice de ce discrédit ; mais là ne serait pas le danger : il serait pour Paris dans le refus systématique et haineux des détenteurs ruraux de la matière première, hostiles à toute réforme économique qui les atteindrait dans leurs intérêts, lesquels n'ont d'autre raison d'être que leur puissance et leur bon plaisir ; ils refuseraient de se dessaisir de leurs produits en déniant la valeur du numéraire qui leur serait offert en échange. De là un emploi forcément circonscrit de cet élément de la production et un obstacle sérieux au développement de celle-ci.

Dans les circonstances actuelles, c'est donc aux détenteurs du capital, soit argent, soit matière première, ce qui est identique dans une certaine mesure, qu'incombe la solution de la question qui a donné naissance à la guerre civile qui remplit Paris et la France de larmes, de sang et de cadavres !

Donnons-leur cependant le triste bénéfice des circonstances atténuantes. Quoiqu'ils sachent parfaitement le résultat auquel atteindra la Commune qui est votre personnification, si elle fait triompher le droit, ils se fondent sur le manque de programme.

La première circonstance atténuante que je leur accorde est celle-ci : où est en effet, jusqu'à présent, le système nouveau à substituer à l'ancien? On ne peut se rallier à un système qu'on ne connaît pas, et le plus grave reproche que l'on puisse vous adresser, c'est de n'avoir pas encore formulé nettement vos revendications et de ne donner « aucun terrain circonscrit à l'action de la conciliation. »

La seconde est que le manque d'instruction dans la masse des travailleurs, d'esprit, d'organisation, d'union, d'ordre et d'économie : excite la légitime défiance des capitaux.

Il faut être juste : si l'organisation régulière du travail est une source de richesses et de bien-être pour tout le monde, cet élément se déprécie par le mauvais emploi du capital.

Cette vérité admise, on reconnaît une fois de plus l'indispensabilité d'une centralisation même excessive. et la nécessité d'une tutelle apportant comme garantie à l'élément capital ce qui manque à l'élément travail.

Au surplus, une loi organique étant nécessaire pour assurer et sauvegarder les droits de chacun, il sera loisible d'entourer l'institution nouvelle de toutes les garanties possibles : comité de surveillance, commissaires communaux et même gouvernementaux à l'instar de ceux délégués près des anciennes sociétés anonymes.

Il est un point qu'il faut surtout rencontrer dans cet exposé déjà long, mais d'une utilité incontestable.

Il faut tenir compte de l'état actuel des affaires et éviter de causer la ruine d'une foule d'intérêts légitimes et respectables. En retirant brusquement et sans transition aux fabricants le moyen de faire produire leur actif, on les laisse en présence d'un passif dû à un ordre de choses dont ils ne sont en quelque sorte aucunement responsables.

Ils ont subi un régime économique, établi de longue date ; ils l'ont continué à défaut d'autre, et ils peuvent protester avec raison contre les conséquences qui les atteindraient; conséquences incalculables, car la ruine de chacun entraînerait, par la solidarité des intérêts, la ruine de tous; ce serait une banqueroute nationale. C'est la question brûlante du moment, et le décret de la Commune sur les échéances, si large et si juste, est le corollaire indispensable du présent système économique.

Pour parer à ces conséquences, il faut favoriser l'accès de la Fédération aux fabricants parisiens, ne pas les éloigner systématiquement par un esprit de mesquine vengeance, indigne d'un cœur sincèrement républicain.

L'intérêt bien compris de la Fédération l'exige, car si le fabricant sauvé de la ruine par l'accueil fraternel qui lui sera fait, devra se féliciter de se trouver dégagé dans une mesure à fixer exactement (et cela se peut comme on le verra), la Fédération se trouvera aussi, sans immobilisation de son capital social, en possession d'un actif insignifiant peut-être en argent, mais qui peut aussi se trouver important en matériel, outillage et matière première. On le voit, les intérêts s'égalisent et le résultat auquel on arriverait arbitrairement par l'expropriation, peut s'obtenir amiablement par la force des choses.

Ceci posé, nous allons aborder la constitution des Associations et de la Fédération.

Organisation des Associations et de la Fédération

ASSOCIATIONS

J'ai demandé, non sans de puissantes raisons, aux travailleurs de se compter, de se classer eux-mêmes. Ce classement doit correspondre avec chacune des transformations que subit l'objet manufacturé depuis son entrée dans l'atelier à l'état de matière première, jusqu'au moment où il est en état de passer dans la consommation; il servira à établir d'une manière précise le chiffre de production à attribuer à chaque membre de la classe dans le chiffre total de la production de chaque association, et donnera ainsi la base indispensable à l'établissement du roulement des affaires et plus tard à la répartition du bénéfice.

Que, dans chaque quartier, des affiches soient apposées; que des appels successifs et réitérés soient faits *à tous les travailleurs*; qu'un bureau soit ouvert aussi dans chaque quartier, pour mener rondement le travail du recensement et recevoir les adhésions. Ces adhésions devront fournir, comme renseignements, l'adresse exacte de l'adhérent ou de l'adhérente, son âge et sa spécialité.

Le classement se fera par les soins des Chambres syndicales ouvrières actuelles, concurremment à celles à former par les adhérents inscrits en première ligne, et servira de point de départ à la répartition du travail et à l'installation des groupes composant chaque Association, car il importe, pour faciliter les affaires et leur reprise immédiate :

1° Que l'on connaisse exactement le total des forces productrices ;

2° Que l'offre et la demande se trouvent, s'entendent sans difficultés ;

3° Que les transactions se fassent rapidement.

Pour cela un local suffisamment vaste, les Magasins-Réunis par exemple, devra être loué, en attendant que le succès de l'entreprise permette de se l'approprier définitivement.

Il portera le nom d'*Agence fédérale de l'Industrie parisienne*. Chaque Association y aura un siége spécial, à la fois bureau d'offres et de demandes et exposition permanente des types à présenter au commerce.

Indépendamment de l'Agence fédérale, la création d'*Entrepôts* ou *Magasins généraux de la Fédération* est chose qui découle forcément de tout ce qui précède.

Il est de fait que, dès l'instant que l'on supprime l'industrie particulière pour la fondre, dans toutes ses parties, dans l'ensemble général de la production, il faut centraliser les produits pour la facilité de la vente et de la comptabilité de chaque Association ; et de même que, dans le but de faciliter les transactions, on a désigné un lieu spécial à l'attention de l'acheteur en gros, il faut aussi offrir au consommateur de vastes magasins où ses besoins trouveront facilement leur satisfaction sans perte d'un temps toujours précieux. Pour cet objet, les locaux ne manquent pas. Heureusement pour la Fédération, les casernes, que l'on ne s'attendait certes pas, il y a un an, à voir utiliser de cette façon, sont éparpillées sur tous les points de la Capitale, et principalement dans les centres ouvriers. Ces bâtiments, aussi vastes que commodes, réunissent toutes les conditions nécessaires pour la réception, la mise en vente et l'expédition des produits de l'industrie parisienne.

Le programme de la Commune demandant le casernement de l'armée régulière dans les forts, et l'organisation militaire devant, d'après différents projets, être complétement remaniée dans le sens de l'abolition des armées permanentes, le Projet d'organisation donne à cette propriété de l'Etat une destination utilitaire dont le Trésor de la République ou de la Commune tirera un large profit.

Selon toute apparence, ces locaux, si vastes qu'ils soient, seront insuffisants, et l'on devra recourir à la propriété privée. Une organisation transitoire du service de l'emmagasinage pourra fonctionner en attendant que le service soit complétement établi.

Mais le commerce vous viendra en aide et vous débarrassera d'un stock de marchandises encombrant.

Quant aux ateliers, l'ensemble de ce Projet bien compris par tous les intéressés, il deviendra de toute évidence, pour les chefs actuels de l'industrie, qu'une rétrocession hâtive et prudente, et surtout équitablement rémunérée, comme cela résulte de ce qui va suivre, doit leur être inspirée par un sentiment exact de leur situation, à peine de se voir sur les bras des non-valeurs de toute nature dans une proportion tout à fait inquiétante pour leurs intérêts, telles que : loyers, baux, matériel, etc.

On voit de suite quelle révolution immense, au point de vue des intérêts, car matériellement elle sera à peine saisissable, cette organisation entraîne après elle.

Le champ qu'elle offre à tous les travailleurs, ouvriers, producteurs, employés à la réception des produits, à leur classement, à leur vente tant à Paris qu'en province, aux écritures de tous genres, comptabilité, correspondance, etc., et dans la grande industrie, aux ingénieurs diplômés et sans emploi, ce champ est vaste et permet à toutes les aptitudes, à toutes les initiatives, leur application dans l'intérêt de chacun et dans l'intérêt de tous.

Ce qui ressort le plus clairement de ceci, c'est la suppression des intermédiaires et de l'impôt qu'ils prélèvent sur le consommateur et le producteur tout à la fois.

Et cependant ces intermédiaires, fabricants ou non, ceux-là dont l'action absorbante se justifie le moins, les laisserez-vous sans ressources ? Non, vous serez généreux, parce que vous serez grands et forts, étant la Justice et le Droit. Vous les aiderez pourvu qu'ils travaillent, pourvu qu'ils ne restent pas seuls oisifs au milieu de l'immense essaim d'abeilles actives qui les entourera. Ils seront vos intermédiaires obligés, pourvu que leur action soit purement individuelle, et une part de votre légitime bénéfice leur sera acquise dans la proportion du concours réel et effectif qu'ils vous donneront, en s'occupant du placement ou de la vente de vos produits, ou de l'achat en fabrique de la matière première.

L'Association se composera donc de tous les travailleurs de même catégorie, classés comme il est dit plus haut. Le fabricant fédéré fera apport à son groupe de son capital en numéraire, mobilier industriel et matière première ; évaluation en sera faite par une Commission arbitrale. Il sera crédité sur le Grand-Livre de la Banque fédérale de l'importance de son capital, et il lui sera tenu compte d'un intérêt de 5 pour 100 l'an.

Il jouira, à titre de chef d'atelier, s'il est reconnu capable par ses pairs, d'un appointement à fixer par la Chambre syndicale ou groupe dont il dépendra.

S'il est reconnu incapable dans la gérance, il prendra rang comme simple travailleur et ne jouira que du bénéfice afférent à la somme annuelle de sa production.

L'Association, en échange de son actif, prendra à sa charge le montant de son passif d'origine purement commerciale et dans la limite de son actif seulement.

S'il est maintenu comme chef d'atelier, l'appointement qui lui sera alloué lui tiendra lieu de chiffre annuel de production.

Il en sera de même, au surplus, pour tous les fédérés dont les appointements sont réglés à l'année.

La répartition du bénéfice leur revenant sera donc facile, les emplois à obtenir étant répartis au concours ou à l'examen et suivant le mérite et l'aptitude des postulants.

Après l'apurement du compte des frais généraux de l'Association et avant tout prélèvement sur les bénéfices, il sera déduit un intérêt de **6** pour **100** au profit de la Banque fédérale, qui portera sur le montant des avances faites par elle à l'Association.

Seront ensuite prélevés sur les bénéfices :

10 pour **100** pour la formation d'un compte de réserve, destiné :

1° A garantir les pertes éventuelles de l'Association ;

2° A amortir les frais d'établissement ;

3° A remplacer le matériel hors d'usage.

10 pour **100** pour la création d'une Caisse au profit des invalides du travail.

5 pour **100** pour la création d'une Société d'encouragement aux études, pour le perfectionnement de l'industrie et des arts industriels et l'achat des brevets d'invention.

75 pour **100** seront répartis entre tous les associés, en prenant pour base de la répartition la somme de production représentée par le montant total de la main-d'œuvre payée à chacun pendant l'exercice.

A cet effet, il sera remis à chaque associé fédéré, par les soins de sa Chambre syndicale, un livret, analogue à celui délivré par la Caisse d'épargne, qui sera visé journellement par le chef d'atelier et qui constatera le chiffre de la main-d'œuvre revenant légitimement à chacun.

Il est indispensable que les prix de main-d'œuvre aujourd'hui en usage servent de base à la fixation de la production. C'est le seul moyen pratique d'arriver à une répartition équitable et d'autant plus acceptable que les prix dont il s'agit ont été débattus par tous les intéressés, qu'ils sont reconnus et pratiqués.

Banque fédérale

Le but de cet établissement, déjà entrevu, défini en partie dans l'exposé préliminaire, est simple, circonscrite que devra être son action aux opérations exclusives de la Fédération.

Cette action se résume en ceci :

Constitution du capital social

1° Par l'accumulation, le groupement des apports sociaux de chaque association ;

2° Par une émission d'actions au capital de........ et garanties par la Commune jusqu'à concurrence de........

Alimentation par un service journalier de toutes les branches de la production, représentées par la Fédération.

Encaissement, pour le compte de la Fédération, de toutes valeurs qu'elle serait appelée à créer, ou qui lui seraient transmises par voie d'endos.

Frais d'encaissement à tous autres frais supplémentaires de négociations à charge de l'association tiers-porteur ou tireur de la valeur remise à l'encaissement ou la négociation.

Acquit de tous mandats ou chèques fournis sur la Banque par les fournisseurs des diverses associations, ou mieux remis par celle-ci à ceux-là.

Le capital-actions sera limité :

1° A l'achat du mobilier d'installation des différents services administratifs, tant de la Fédération que de la Banque elle-même ;

2° A l'achat des appareils industriels et outillage nécessaires à la mise en train de toutes les associations ;

3° Au montant du chiffre de la matière première à mettre à la disposition de chaque association ;

4° Au capital roulant représenté par le montant de la main-d'œuvre à payer pendant une période à fixer, et dépendant de la moyenne des délais de fabrication et de réalisation des produits de la Fédération.

Ce capital-actions sera réduit :

1° De l'apport social de chaque association ;

2° De l'apport en numéraire, mobilier, outillage et matière première de chaque fabricant fédéré et de ses créances actives ; toutefois, il ne sera tenu compte de ces créances qu'après encaissement définitif.

L'apport général de tous les fabricants fédérés sera porté à un compte de liquidation qui sera crédité du montant de cet apport et débité du paiement des créances passives d'origine purement commerciale des fabricants, mais jusqu'à concurrence seulement de leur apport actif, ainsi qu'il a été défini au chapitre Organisation de l'association.

Le reliquat, s'il y en a, sera converti en actions identiques à celles émises pour la formation du capital, et portera intérêt à dater du jour de l'ouverture des opérations de la fédération ou de l'entrée du fabricant dans celle-ci.

Les actions de la Banque fédérale porteront intérêt à 5 0/0.

La Banque prélèvera sur ses avances ou couvertures un intérêt de 6 0/0 l'an et un 1/4 0/0 de commission sur les sorties de caisse, virements ou transferts de comptes.

L'écart entre les taux des intérêts payés et perçus par la Banque constituera, avec la commission de caisse, le seul bénéfice de celle-ci.

Répartition en sera faite entre tous les coopérateurs de la de la Banque, après l'apurement du compte frais-généraux dans les conditions indiquées pour la fédération.

Le payement des intérêts dûs aux actions aura lieu dans les trois mois qui suivront l'arrêté des bilans semestriels de la fédération, soit le 31 mars et le 30 septembre de chaque exercice.

Le payement des intérêts dûs aux actionnaires et la répartition des bénéfices aux fédérés seront précédés d'une assemblée générale où connaissance sera donnée à tous les intéressés, par les soins des administrateurs de la Banque fédérale et des délégués du Comité de la fédération, du compte rendu des opérations de ces deux établissements.

Les actionnaires porteurs de. . . . . actions assisteront de droit aux assemblées générales.

Fédération

Chaque association renfermant un nombre de groupes ou classes correspondant aux diverses transformations du produit fabriqué par l'association, ces classes ou groupes éliront un ou deux délégués pour la formation du comité d'association ou chambre syndicale.

Chaque comité ou chambre syndicale élira à son tour un ou deux délégués qui seront chargés de correspondre avec la Banque fédérale, et de former, concuremment avec les délégués des autres comités, le syndicat général de la fédération.

La Banque fédérale, de son côté, aura trois commissaires ou délégués qui auront pour mission de surveiller et contrôler la marche des opérations de la fédération.

Considérations générales

Comme on a pu s'en convaincre, ce projet d'organisation du travail laisse debout tous les intérêts acquis. Il ne fait table rase que des intérêts reposant directement et sans justification aucune sur l'exploitation de la masse par l'individu. Cette organisation laisse tout champ libre à l'initiative individuelle, et sauvegarde même encore dans une mesure très-appréciable des intérêts contre l'oppression séculaire desquels elle serait à son tour en droit de réagir.

Restreinte à Paris, son action sera volontairement limitée : Paris ne voulant pas s'associer à qui que ce soit dans l'œuvre de rénovation de son industrie. Paris connaît sa force, sa puissance et en apprécie, sans présomption, toute la portée.

Mais ce serait méconnaître l'essence même de cette révolution économique que de renoncer à en étendre l'action dans l'avenir. La fraternité n'est pas ici un vain mot, et Paris tant décrié, tant conspué à l'heure actuelle, Paris travailleur pourra, dans un avenir prochain, tendre une main secourable aux travailleurs du dehors, qui gémiront encore sous l'étreinte oppressive du capital.

Il tendra cette main, et sa générosité sera en ceci d'accord avec son intérêt, car, tributaire encore de la province pour la matière première nécessaire tant à son industrie qu'à son commerce, il devra, pour ne pas donner aide indirectement aux exploiteurs de ses frères opprimés, créer lui-même des fabriques, des usines en province, y introduire le système fédéral, et il arrivera en même temps à obtenir sa matière première dans de meilleures conditions de production.

Les capitaux de la Fédération ne courant plus les mêmes risques de dilapidation que dans l'ancien ordre de choses, s'accroîtront en raison même de la puissance de production et de concentration dans son établissement de crédit social.

La Fédération parisienne a, dès lors, une perspective illimitée, et son esprit, au lieu de l'éloigner du reste de la France, l'y ramène au contraire de tous les côtés et l'y rattache d'une manière indissoluble.

A Paris seul incombe l'initiative d'une semblable réforme ; car Paris présente, résume l'industrie dans tous ses aspects et dans toutes ses applications. Il est le centre vers lequel convergent des intérêts immenses. Son vaste marché appelle la consommation et le commerce à tous les degrés.

Et quel moment pour mettre à exécution un projet comme celui-ci ! Tout est désorganisé, tout est à refaire, le crédit comme l'atelier. Le monde entier est privé, depuis huit mois, des articles de la production parisienne ; il épie avec autant d'intérêt que d'impatience l'instant où la paix rapprochera les frères qui s'entregorgent aujourd'hui dans la lutte des deux principes qui ne se sont jamais trouvés en présence d'une façon aussi formidable. Les capitaux sont prêts, ils ne demandent qu'à marcher sur Paris. Nouvelle invasion, pacifique celle là, dont les résultats aideront à reparer dans une mesure inappréciable aujourd'hui les ravages du despotisme, et ce sera encore et toujours à Paris que la France devra son salut ; car les travailleurs seuls intéressés aux révolutions où ils voient poindre l'aurore de leur affranchissement, trouvant dans la réforme les garanties sérieuses de leur bien être et de leur indépendance physique et morale, clôront définitivement l'ère des révolutions, dont ils avaient toujours été jusqu'à ce jour les victimes, tout en entraînant leurs oppresseurs dans leur désastres.

Comme conséquence heureuse de l'organisation centralisatrice de la fédération, nous avons l'assiette de l'impôt personnel qui se restreindra naturellement pour la fédération à la fortune particulière de chaque association.

Le contrôle indispensable à l'administration communale pour la perception juste et équitable de l'impôt, s'adressant à une collectivité impersonnelle, n'amènera aucun froissement et n'éveillera aucune susceptibilité fâcheuse ; ensuite la perception de l'impôt s'adressant à une masse régulièrement organisée, pourra se faire à moins de frais.

On, le voit, tout concourt, aussi bien les intérêts moraux que les intérêts matériels des travailleurs, à recommander et à justifier la centralisation, contre laquelle des esprits très sages et très judicieux du reste, auront certes encore des raisons à invoquer. Mais, comme je l'ai dit, l'établissement du régime l'exige à plus d'un titre, et la carrière restera ouverte à toutes les améliorations lorsque l'instruction gratuite et obligatoire portera tous ses fruits et rendra chacun mûr pour la liberté.

Au point de vue de la moralité et de la sécurité publiques, le classement de tous les producteurs permettra d'expurger l'élément malsain et vicieux de la société. Deux voies s'offriront à tout être valide et intelligent : le voie du travail, large, ouverte avec toutes ses garanties de bien-être et d'indépendance, et qui conduit à toutes les améliorations physiques et morales de l'individu; celle de l'oisiveté et de la débauche qui le conduit non moins sûrement à son avilissement moral et matériel, et par suite à la misère, au vol et au crime.

A ceux qui reviendront franchement à la loi naturelle et primordiale du travail ouvrons nos bras, fournissons leur les moyens d'être et de rester honnêtes, moralisons-les, instruisons-les, et nous aurons ainsi aidé, dans la limite de nos forces et de nos devoirs, à régénérer l'humanité. Quant aux autres, ils seront maintenant sans excuse, car ils ne pourront plus invoquer l'exploitation, dont le Socialisme les affranchit sans retour.

L'établissement de crédit destiné à relier entre elles les forces éparses de la Fédération, à leur donner la vie et l'essor, me paraît devoir être d'un grand secours dans la liquidation des échéances, dont on peut pressentir avec une appréhension bien légitime le fâcheux contrecoup sur le crédit de la France en général et de Paris en particulier.

Apportant des éléments de crédit entièrement neufs, libres de toutes attaches autres que celles de la production, présentant la garantie la plus sérieuse que l'on puisse désirer, puisqu'elle repose sur le produit du travail et les besoins de la consommation, son action pourra être très-efficace.

En effet, les bénéfices résultant du concours loyal et économique des deux éléments du travail, destinés à une classe de la société qui connaît l'économie pour l'avoir pratiquée depuis longtemps, dans une mesure trop rigoureuse, hélas! pourront s'accumuler dans une proportion considérable et rendre disponible des capitaux qui concourront puissamment au rétablissement des affaires et du crédit, par l'amortissement prompt et continu des valeurs de l'industrie actuellement en souffrance.

Ces valeurs retirées du portefeuille de la Banque de France

laisseront celle-ci en présence du commerce seulement, et elle aura cet avantage de rencontrer dans un seul établissement de crédit, auquel, en bonne économie, son concours moral devrait être acquis, la réunion de tous ses débiteurs industriels; elle pourra ainsi concentrer ses efforts et circonscrire l'immense travail de la liquidation de son portefeuille.

Le décret de la Commune prorogeant à trois ans le paiement de toutes valeurs de commerce, qui pourrait donner prise à une légère critique, n'aurait même pas besoin, quant à l'industrie parisienne, de sortir tous ses effets. Toutefois il servira de garantie pour les intérêts spéciaux qu'il est appelé à protéger.

Comme solidité et garantie, la Banque fédérale ne le cède donc à aucun établissement financier, car, indépendamment du capital de réserve formé par la Fédération, de son capital de réserve particulier, le contrôle permanent et incessant, établi à tous les degrés, ne permettra aucune dilapidation de l'avoir social ni aucun errement anti-économique.

L'existence de la Banque fédérale est inhérente à celle de la Fédération.

Si la Fédération limite ses opérations à Paris, elle arrivera promptement à se composer un capital qui lui appartiendra en propre, et la Banque fédérale, n'ayant plus besoin du crédit public, remboursera alors toutes les actions émises au pair, pour ne pas grever ses bénéfices d'un impôt représenté par l'intérêt.

Si, au contraire, la Fédération se conforme à l'esprit de son institution, elle étendra son action dans les départements et devra alors recourir à une organisation plus vaste, qui lui permettra de donner satisfaction à tous les intérêts.

Quelques points du projet qui précède et de l'exposé préliminaire sur lequel il s'appuie restent forcément dans l'ombre : ils sont seulement relatifs à l'organisation intérieure des rouages de l'Association. L'auteur du projet ne se dissimule en aucune façon que des difficultés de toute nature surgiront là où le concours de toutes les volontés devrait, dans un but de paix et d'apaisement, tout aplanir et rendre la tâche moins rude et moins difficile. Mais son projet est surtout une œuvre de sympathie et de dévouement.

Travailleur lui-même, il s'est heurté à bien des aspérités; il a éprouvé bien des mécomptes. Découragé, il envisageait l'avenir avec indifférence, quand le 18 mars a posé d'une façon définitive le problème social aux méditations de tout ceux que l'étude des faits et des lois économiques attire, et qui sont doués de quelque esprit d'organisation. Il s'est mis à l'œuvre, désireux de faire éviter ces aspérités, d'épargner ces mécomptes à ses frères républicains, et il ne faillira pas au devoir qu'il s'est imposé. Proposant un système, il est de son devoir d'en poursuivre l'application, d'y aider dans la mesure de ses forces et de ses facultés. Du reste, il se tiendra à la disposition de la Commune, si son concours est nécessaire.

Le prestige légitime dont jouissent, dans le monde des travailleurs, les hommes qui, au risque de leur vie, ont posé les fondements politiques indispensables à la réforme sociale, but de leurs efforts et de leurs revendications, sera pour les organisateurs la meilleure garantie qu'ils pourront invoquer près de ceux que l'ignorance rendraient malheureusement défiants, et par suite disposés à entraver inconsciemment l'œuvre de l'organisation définitive du travail.

La République démocratique et sociale peut seule assurer l'existence des communes et des institutions qui s'y rattachent. Quel est celui assez peu soucieux de ses intérêts comme de ceux de son pays, pour refuser son appui à une forme de gouvernement qui assure à tous, dans une mesure dont l'équité ne peut être suspectée, la liberté et l'égalité, et qui place ces deux conquêtes sous la sauvegarde de la fraternité, ayant pour garantie la solidarité.

Paris, 20 avril 1871.

F. CAROLUS.

ASSOCIATION GÉNÉRALE TYPOGRAPHIQUE

BERTHÉLEMY ET C°

19, RUE DU FAUBOURG-SAINT-DENIS, 19